官箴荟要

八

线装书局

目录

康济谱

〔明〕潘游龙 辑

《康济谱》是潘游龙辑录，并与金孝章等加以评论的一部政论性类书，以经传、正史、政书等大量古籍按类搜集，编辑而成。其内容分为六门：吏曹、户曹、礼曹、兵曹、刑曹、工曹，即古代的六部。每门下又设若干小类，如吏曹下设任贤、才识、器重、清操、勤慎、风节、德感等七小类。每一小类中基本包括人物传记、概述、相关文章和评论。内容博大，叙议兼备，共二十五卷，堪称从政为官之道的百科全书。

康济者，安世济民之谓也。此书编者意欲通过介绍古代优秀官吏的政绩和各门政事的历史情况，给为官者特别是『未习吏治者』一些指点或指导。其吏曹部分更为精彩，且具现实意义，故本书特收录此部分，即卷一至卷七。

康济谱卷一 任贤

用贤之效，振古既彰。国有贤人，谋罔弗臧。论定则官，有猷必扬。国用不匮，民余盖藏。政举刑清，威远服疆。九德以宣，四维以张。附耳不摇，台辰齐光。三烛斯燮，五寒亦亡。敢告司衡，得人则昌。无弃尔辅，尔车其行。次《任贤》第一。

潘鳞长氏曰：昔人有言曰：『得十良马不如得一伯乐，得百良剑不如得一欧冶，得地千里不如得一贤人。』是故游江海者托于舟，致远道者托于乘，欲伯王者托于贤。弓矢不调，则羿不能以中微；六马不和，造父不能以致远；贤才不用，虽舜、禹犹难以为国，况于世主乎哉？

文子曰：山有猛虎，林木为之不斩；国有螫虫，葵藿为之不采；国有贤臣，折冲千里。是知天下无常宁之国，国无常治之民，得贤者安昌，失贤者危亡。自古及今，未有不然者也。今将欲兆庶允殖，丰年屡绥，囹圄空虚，兵革不试，化行俗美，绍古缉熙，无疆之烈，而不得豪俊特达以为之用，若凤亏六翮，骥縻四足，欲望摩青天、驾绝域，将安藉哉？然而连城之璧瘗影荆山，夜光之珠潜辉合浦。玉无翼而飞，珠无胫而走。扬声章华之台，炫耀罗绮之堂者，人所举也。贤人有胫而不肯至，宁蠹材于幽岫、韬迹于柴荜者，人莫之举也。昔子贡问于孔子曰：『谁为大贤？』子曰：『齐鲍叔、郑子皮是已。』子贡曰：『齐无管

仲，郑无子产乎？』子曰：『吾闻进贤为贤，蔽贤为不肖。鲍叔荐管仲，子皮荐子产，未闻二子有所举也。』进贤为贤逾身之贤，矧复抑贤乎？语曰：『为国入宝，不如献贤。』故曰：进贤受上赏，蔽贤蒙显戮。斯前识之良规、后代之明镜也。虽然，上苟怀折节下士之诚，自不患无明扬师锡之盛。不然，买骏无实，好龙徒讥，亦曷贵焉？而审材为尤要矣，夫匠氏之于木也，明堂之栋、路寝之楹，与夫榱桷侏儒，大小长短，厥施不同，归于适其用而已矣。人主之用天下之才，其亦何以异是？予故考之于经，列叙唐虞以来用人之格，著为《康济谱》，首以知治平有阶，非贤弗乂，匪始今日之私言也。

《易·泰》：『初九：拔茅茹，以其汇。征，吉。』

程子曰：君子之进，必与其朋类相牵援，如茅之根

然，拔其一则牵连而起矣。君子之进必以其类，不唯志在象先乐于与善，实乃相赖以进，同志协力，以成天下之泰也。

《书·周官》曰：『推贤让能，庶官乃和，不和政庞。举能其官，惟尔之能。称匪其人，惟尔不任。』

丘文庄公曰：有虞之朝，命禹为百揆，而禹则逊之稷、契、皋陶；命垂为共工，而垂则逊之殳斨、伯与；命益作虞，而益则逊于朱虎、熊罴；命伯夷作秩宗，而伯夷则逊于夔、龙。噫，君以其人为贤能而用之，而其人不自贤不自能，而推之贤，让之能，此百官和于朝，而庶绩所以咸熙也。成王以推贤让能勉其臣，而又以政庞不任戒之，其望之深切矣。

《记》曰：『儒有内称不避亲，外举不避怨，程功积

事，推贤而进达之，不望其报。苟利国家，不求富贵。其举贤援能有如此者。』

皋陶曰：『都！亦行有九德。亦言，其人有德，乃言曰，载采采。』亦，总也。载，行也。采，事也。总言其人有德，必言其行某事，某事为可信验也。此即宋苏洵所谓某人廉吏，尝以某事知其廉；某人能吏，即以某事知其能之意。禹曰：『何？』曰：『宽而栗，柔而立，愿而恭，乱而敬，扰而毅，直而温，简而廉，刚而塞，强而义。彰厥有常吉哉！日宣三德，夙夜浚明有家；日严祗敬六德，亮采有邦。翕受敷施，九德咸事，俊乂在官。百僚师师，百工惟时，抚于五辰，庶绩其凝。』

《周礼》太宰以八柄诏王驭群臣：一曰爵，以驭其贵；二曰禄，以驭其富。以八统诏王驭万民：三曰进贤；进用有德，则民知德之当务。四曰使能。任用才艺，则民知能之当勉。

《王制》：『大乐正论造士之秀者，以告于王，而升诸

司马，曰进士。司马辩论官材，论进士之贤者，以告于王，而定其论。论定然后官之，任官然后爵之，位定然后禄之。』

汉制

论曰：汉制：郡县守相之高第者，然后为二千石。二千石之有治行者，然后为九卿。九卿之称职者，然后为御史大夫。非无等次，然亦不限品秩高下为升降，而迁转之权，又皆出于一。至成帝置两曹尚书，选曹之制遂始于此，而权亦出于二矣。

叙汉迁转

论曰：汉之迁转，惟上所命。初以品秩高下为升降，故士亦俯首听命而莫敢有所请。张释之十年不得调，杨雄三世不徙官。至有为太仆立功，自高至文，而犹未离乎

旧职，何淹滞若此也？贾谊超迁，岁中至大中大夫；公孙弘徒步，数年至宰相封侯；王仲翁大将军长史，三岁至光禄大夫。若此者，又何其速也。彼其黜陟进退，虽未必皆当乎贤否，而其用舍之权，一出于上，固未始为资格所拘耳。

叙汉辟除

论曰：汉选部有尚书，自县令以上，始赴尚书调选。其余郡县之属吏，至于公府之掾曹，各自辟于其长。其诸侯王国，自内史以下，皆得以自除。是以朝廷无迁选之劳，官府有荐贤之实。贤否勤惰，各察于其属之长而黜陟之。故于佐曹吏，拔于州县者，然后为五府所辟；五府举掾曹，然后为朝廷所用。推而至于公卿之尊，初未尝有限也。故何武以大司空辟鲍宣为佐曹掾，史嵩领尚书事而

辟匡衡为议曹吏，此曹掾之辟于公府者也。周景以刺史而辟陈蕃为别驾，王涣以考城令而辟仇览为主簿，此属吏之辟于郡县者也。是以士之修洁于家而闻誉达于朝廷，往往辟书交至其门而无遗才。此汉之选吏，所以一付之公论，而犹未至纤悉于法也。后世吏部注拟，下自监官管库之微，一切选之尚书，按其年劳资格，而例以与之，若执左券而责偿主，奚暇问其贤不肖哉？

叙汉流品

论曰：汉之用人，不分流品，观其材能勋绩，等而上之，无有限格。周勃以引强，申徒以蹶张，薛宣以书佐，魏相以卒史，皆位致丞相。然其入仕之始，等级次第，亦自有品节。其以明经学进者，则多除博士，或大夫侍中，如严助、朱买臣、疏广、平当之徒是也；其以才武勇猛进

者，则多除太仆，或中郎将，如夏侯英、公孙贺、卫绾之徒是也。张汤以法律进身，则先以法官处之，始为内史，后为廷尉，皆法官也；黄霸以入粟补官，则先以财赋处之，故始为卒史，后为均输长，皆掌财也。然其始虽有分别，而积功累勋，无不可任者，此汉官所以未免乎杂也。武帝始用儒为相，革去军功刀笔之选，诚一代良法。而其后惟意所用，亦不专用儒生，汲黯谓刀笔吏不可为公卿，盖有激而云。终汉之世，清浊混淆，上下无别，以宦官典领尚书，以艺术直秘阁尚书郎，掌代王言，而以令史久次补之，宜乎丁耶耻以孝廉而为郎也。诚使汉之用人，上至公卿而有限法，则虽流品之不分何害哉？

明制

太祖诏天下朝觐官各举所知一人。宣宗谕杨士奇举

文学才行，英宗从李贤，再举年富，可见祖宗时用人惟观贤才，亦何尝以资格限也？故景泰中，杨浩以一太学生上书谏幸隆福寺，及请讨也先杀主之罪，遂为河南运司判官，再迁至顺德知府，累迁右副都御史，巡延绥。以此人皆立志向上，兴起事功。嗣后资格太限，虽举人无九卿之擢，岁贡至府佐，即以为过望矣。志以位阻，才以志隳，政以志损，是故阻人向上之志者，资格也，而坏天下之治功者，亦资格也。嗟嗟，世情巧谲，今不古若，以贿以情复乘为夤缘，虽今圣明有破资格之举，亦祇增资格之蠹耳。

杨文定执政时，其子自乡来，道出江陵，独不为县令所礼，其令乃天台范理。文定深重之，即荐知德安府，再擢贵州布政使。或劝范致书，范曰：『宰相为朝廷用人，非私于理也。』闻文定卒，乃祭而哭之，以谢知己。

黜陟

舜五载一巡狩，群后四朝。（五载内天子巡狩者一，诸侯来朝者四。）敷奏以言，明试以功，车服以庸。

程子曰：『敷奏以言』者，使各陈其为治之说，言之善者，则从而明考其功，有功则赐车服以旌异之。其言不善，则亦有告饬之也。

帝曰：『咨！汝二十有二人，（四岳、九官、十二牧。）钦哉！惟时亮天功。』三载考绩，三考，黜陟幽明，庶绩咸熙。分北（佩）三苗。

善者留，不善者窜徙之，使分背而去也。言舜命二十二人之后立此考『绩』黜陟之法，以时举行，而卒言其效。

《周礼》：太宰以八法治官府，八曰官计，以弊邦治。岁终，则令百官府各正其治，受其会，（会，大计也。）听其事，而诏王废置。三岁，则大计群吏之治，而诛赏之。

小宰听官府之六计，弊群吏之治。一曰廉善，二曰廉贪暴、素行不谨等名以黜退之，非祖宗初意也。按：旧制，官员考满，给由到部，考得平常及不称职者，亦皆复任，必待九年之久，三考之终，然后黜降焉。其有缘事降职除名，亦许其申理，其爱惜人才如此。若近制，则使人改过迁善无由矣。虽然，此岂朝廷之得已哉？良繇不自爱耳。设使尽天下失职之人，仍列布郡县，亦岂朝廷之福哉？

论曰：语云：称农者视其谷，称牧者视其畜，察之各以其业也。今之考课，进之者如恐弗胜，退之者如恐弗及，非不曰较著章明也，然因人言以为进退矣，采闻风以定是非矣。人情爱憎而言未必公，风闻影响而事未必实，此为所察非所业也，必不得矣。故课吏者，必核其职业之守，而扩吾通辟之见。其事治，其民安，非贪慢之吏所能

辨也，毁之者勿听；其事不治，其民不安，非廉明之吏所宜有也，誉之者亦勿听。事迹功罪，断断不渝，如齐威所为烹阿封即墨者，斯则实无所遁而虚无可饰。虽课典之行，裁之自我，而情状在彼，则既悉矣，饰名不得以求功，巧文不得以逃罪，尚何吏治之不可饬乎！

附久任超迁论

尝闻器久则敝，人久则习。士超草莽，任国家之治，动与民宜，惟其久而习也，劝以玺书，终以超擢，显名在官，周泽在民，上下其两利乎？彼递迁如传舍者，朝多僭赏之官，民无成化之日，两失之矣。或曰习岂须久哉？士自聪明才辩，选明经而莅政，数日识端倪，数月识肯綮矣。嗟乎，此特以簿书为治，罔明夫任官之意者也。

天为民立君，君不能独理，而命之官，以治争夺，导

生养，教伦理，第治之犹易耳？欲生养，必三年余一年食，九年余三年食，三十年之通。而后水旱凶灾，民无菜色。欲伦理明，必三年敬业乐群，九年知类通达，三十年而后仁，是何容易哉？况才地不齐，性习亦异，不有月计不足，岁计有余者乎？不有治郡功名，入朝则损者乎？为地择人，量材授任，宜闽则闽，宜晋则晋，久任此，超迁此，即终其身一方可也。长政事者司治，长文学者司教，久任此，超迁此，即终其身一事可也。象贤之家，虽使嗣其官可也。岂独三载考、九载陟之为久，而自外任擢京卿之为超哉？

或曰：仕患壅滞旧矣，当何以振英雄之羽翰，新黎元之耳目哉？曰：仕不欲久，必非良士；民不欲其久，必为鳏官。夫民所称曰公祖、曰父母，岂虚加哉？岂其为

祖若父覆冒我也？祖、父之于子孙，日夕抚摩教育之，累百年不厌。旬月不见，肠一日而九回。一或永别，呼号震天，弗能舍也。吾食民租、衣民税，呼祖若父母者曰以万计，乃名实未加，而择便利移别地，有人心者忍乎哉！果为公祖者，真能贻谋；为父母者，真能乳哺。一行迁转，遽失瞻依，又谁不攀辕借寇而忍恝然听其去也？

唯饰诈者久而情见，肆虐者久而怨业。上曰：『行矣，不行，民将玩我。』下曰：『盍去乎？不去，我将何堪？』繇是苞苴竿牍，昏夜乞迁。铨司为人择官，庙堂为人藏垢，官常之所以坏，世运之所以颓，皆此辈也。久任之法，立而不变，则任者知诈不可掩，怨不可积，即有不肖之心莫敢行，又知上不致期我有余日富教之实，乃次第举。譬病家无欲速之心，医者发和平之剂，元气渐滋，

人有起色矣。抑闻之昔有请久任巡抚者，议者谓卿贰时缺，必需迁补，不便乃寝，今奈何行此法乎？曰：久任之法行，卿贰亦久任可矣，即有缺，贤才孔多，岂夺彼予此？彼方出讦谋，抚赤子，何取朝秦暮燕、区区资格之泥为也？

嗟乎！隆古盛时，官无资格，起版筑，任盐梅，不言超也；居官长子孙，不言久也。自资格立，而铨衡唯例簿之私，庶职皆逆旅之地，前者属厌，后者逐羶，去古人任官之意远矣。曷若久任超迁不废资格而卒不蹈资格之弊，乃行今法，师古意也。师古人之意而古人之盛治，其有成矣乎？

潘鳞长氏曰：守若令之事至伙也，不有贤者左右辟画，即矻矻终日，不犹业脞耶？子贱在圣门称高弟子，其

宰单父也，尚求五贤而禀度焉，况不逮此者乎？鲍叔而下，类能折节下士，甚至择丞史而任之，咸有所底绩，虽未知于弦歌之化相埒否，然任人者逸，大都近之矣。今世之欲表树于当世，不取诸人为善而自用其细也。夫余既原本经术著诸篇首，复取前哲已事，征其大略，庶几其政其人，咸有所考信焉，明扬推让之风，犹足想见云。

鲍叔牙相齐，对桓公曰：『臣，君之庸臣也。若必治国家，则管夷吾乎？臣之所不如夷吾者五：宽惠柔民，弗若也；治国家不失其柄，弗若也；忠信可结于百姓，弗若也；制礼义可法于四方，弗若也；执枹鼓立于军门，弗若也。』桓公曰：『夫夷吾射寡人中钩，是以滨于死。』鲍叔对曰：『夫为其君，勤也。君若宥而反之，夫犹是也。』公从之，请诸鲁。鲁庄公以施伯之言将杀仲，齐使者

曰：『寡君欲亲以为戮，请生之。』于是庄公使束缚以予齐使。比至，桓公亲迎而授之以政。管仲于是定四民之居，连五家之兵，作内政以寓军令，设轻重鱼盐之利，以赡贫穷，禄贤能，反侵地，重聘币，亲诸侯，齐人大悦。

潘鳞长氏曰：余阅《左氏》及《齐世家》，每叹鲍叔之倾心于管仲也。仲之既相也，桓公尝以政质之鲍叔，鲍叔曰：『公必行夷吾之言。』且又以身下之。夫困而善遇之，囚而引荐之，相而左右之，即生我者有不能，而仲乃得之于知我之鲍叔，故天下不多管仲之贤而多鲍叔之能为桓公任贤也。然则鲍叔世禄于齐，有封邑者十余世，尝为名大夫，非休休之臣，孰能当此者乎？

子皮为郑卿，外宽内明，好善而能择，故于国最爱子产。及授子产政，辞曰：『国小而偪，族大宠多，不可为

也。』子皮曰：『虎率以听，谁敢犯子？子善相之。国无小，小能事大，国乃宽。』子皮入齐，晏子骤见之，陈桓子问其故，对曰：『能用善人，民之主也。』子皮卒，子产闻之哭，且曰：『吾已矣，无为吾善矣，惟夫子知我者也。』

潘鳞长氏曰：子产时，国多大族，有欲害子产者，子皮常抑之。子皮为政，事无大小，听子产而后行，故子产当国，亦藉子皮之帅以无梗。故君子曰：子产相郑，诸侯亲，民静国安，子皮之繇也。彼惟恐人之得政而相倾危者，观此可愧哉？

子产相郑，择能而使之。冯简子能断大事，子太叔美秀而文，公孙挥能知四国之为，而辩于大夫之族姓、班位、贵贱、能否，又善于辞令。裨谌能谋，谋于野则获，谋于邑则否。郑国将有诸侯之事，子产乃问四国之为于子羽，

且使多为辞令；与裨谌乘以适野，使谋可否；而告冯简子，使断之。事成，乃授子太叔行之，以应对诸侯，鲜有败事。子产及事简公、定公、献公、声公，将殁，戒子太叔曰：『我死，子必为政。惟有德者能以宽服人，其次莫如猛。』及太叔为政，不忍猛。郑国多盗，取人于萑苻之泽，太叔悔之。孔子兄事子产，闻子产卒，出涕曰：『古之遗爱也。』

真西山氏曰：子产为卿于郑，历事四公，凡四十余年。方其始也，内则有诸大夫之争权，互相诛杀；外则晋、楚之兵，无岁不至城下。国之危且弱，几不可为矣。子产于此，从容回斡，皆有次第。其于内也，务息诸大夫之争而去其尤不可令者，然根之难拔者，不轻动以激其变；恶之既稔者，不缓治以失其机。有劝惩之功，而无忿疾之过。故自子南逐，子皙死，豪宗大姓弭然听顺，无复

有梗其政者。其于外也，事大国以礼而不苟狥其求，故终其身免于诸侯之讨。而郑能以弱为强。考其所为，惟作丘赋、铸刑书见识当世，自余鲜不合于礼者。然大人格心之业则未之闻焉，岂其所事四公皆庸主，不足与进耶？至于用人各以所长，盖得圣门所谓器使之道，春秋卿大夫，未有能及之者。后之以权衡人物为职者，当观法焉。

史鱼在灵公时，蘧伯玉贤而不用，弥子瑕不肖而任事。史鱼患之，数谏灵公不听。及病且死，谓其子曰：『我即死，治丧于北堂。吾在朝不能进蘧伯玉而退弥子瑕，是吾生不能正君，死无以成礼。置尸北堂，于我毕矣。』其子从之。既死，灵公往吊，怪而问焉，其子具以父言对。公蹴然易容曰：『是寡人之过也。夫子生则欲进贤而退不肖，且不懈，又以尸谏，可谓忠而不衰矣。』于是乃召伯玉而

进之卿，退弥子瑕。从丧正堂，成礼而后返。卫国大治。

金孝章氏曰：人至于死，斯已矣。忠于君者，至于陨其身亦可以无讥矣。史鱼之诚，独能周于易箦以后，犹将用其蹇蹇惓惓者焉。夫亡者，忘也。于此而不忘，斯不亡也已。百龄影徂，千载心在，事君不当如是耶？

宓子贱为单父宰，过于阳昼，曰：『子亦有以送仆乎？』阳昼曰：『吾少也贱，不知治民之术，有钓道二焉，请以送子。夫报纶错饵，而吸之者，阳鲚也，其为鱼薄而不美；若存若亡，若食若不食者，鲂也，其为鱼博而厚味。』宓子贱曰：『善。』于是未至单父，冠盖迎之者，交接于道。子贱曰：『车驱之，车驱之，夫阳昼之所谓阳鲚者至矣。』于是至单父，请其耆老尊贤者而与之共治。孔子谓子贱曰：『子治单父，众悦，何施而得之也？』对曰：

『不齐之治也，父其父，子其子，恤诸孤而哀丧纪。』子曰：『小节也。小民附矣，犹未足也。』曰：『不齐所父事者五人，所友事者十一人。』子曰：『中节也。中人附矣，犹未足也。』曰：『此地之民贤于不齐者五人，不齐事之而禀度焉，皆教不齐以道。』子曰：『其大者乃于此乎？有矣！昔尧、舜听天下，务求贤以自辅。夫贤者百福之宗也，神明之主也。惜乎不齐之所治者，小也。』

子贡问于孔子曰：『谁为大贤？』子曰：『齐鲍叔、郑子皮是也。』子贡曰：『齐无管仲、郑无子产乎？』子曰：『吾闻进贤为贤，蔽贤为不肖。鲍叔荐管仲，子皮荐子产，未闻二子有所举也。』

解狐与荆伯柳为怨。赵简子问于狐曰：『孰可与为上党守？』对曰：『荆伯柳可。』简子曰：『非子之仇乎？』

对曰：『臣闻忠臣举贤不避仇雠，其废也不阿亲近。』

子奇为东阿宰。年十八，齐君使治阿。既行矣，齐君以其幼，悔而追之曰：『未到阿，及之还。已到，勿还也。』使者及之而不还。君问其故，使者曰：『子奇必能治阿矣。臣见其所与共载者，皆白首也。夫以老者之治，而以少者决之，其能治阿必矣。』子奇至阿，铸库兵以为耕器。魏闻童子为宰，库无兵，仓无粟，起兵击之。阿人父率子，兄率弟，以私兵战，遂败魏师。

潘鳞长氏曰：细绎使者之言，其中信有妙理，非漫以塞问者也。盖老者见事多，恒熟思审处，以期必当，而其弊或过于拘谨。少者勇敢任事，英气有余，而其谋或未能万全。夫惟二者既并，则既揆其常，又通其变，参以成理，而不戾于时宜，因而决之，其济也必矣。若子奇者，尤

不可及哉！世常不乏老成人，何有诲之谆谆，听之藐藐者也？

任登令中牟，上计言于襄子曰：『中牟有士曰瞻胥已，请见之。』襄子见而以为中大夫。相国曰：『意者，君耳而未之目耶为中大夫，若此其易也，非晋国之故。』襄子曰：『吾举登也，已耳而目之矣。登所举也，吾又耳而目之。是耳目人终无已也。』遂任不复问。

潘鳞长氏曰：聪明之用虽无穷，然过任则敝。惟夫以养之之道广之，则有以自全而受其成。夫子之告仲弓也，曰：举尔所知人，其舍诸。斯善用其聪明者哉。且夫人之相取，岂诚在区区耳目之间已也？

吴公守河南，洛阳人贾谊，年十八，以能诵诗书属文称于郡。公闻之，召置门下。文帝初立，征公为廷尉，乃上

言：『谊年少，博通诸家之书。』即召为博士，时谊年二十。每诏令议下，谊尽为之对，人人各如其意所出，诸生以为能。岁中超迁至大中大夫。帝以吴公为知人，益亲任之。

潘鳞长氏曰：往者名卿钜公，以能致贤才为高，而俊才英士亦以得所依乘为重，是以誉望日隆，名节日著。而如贾谊之见辟于吴公者，史不胜书。后世举者既惟其名而已，而就者亦皆庸下脂韦之徒。或稍知自爱，则又以为龌龊而不屑至，何怪实效之不见于天下乎！

汲黯守东海。黯尝学黄老之言，治官理民，好清静。择丞史而任之，责其大指而已，不细苛以文法，黯多卧阁。不出岁余，东海大治。

潘鳞长氏曰：治道贵清静而民自安。昔曹参尊用其言而齐大治，黯能用之而东海亦治。若今人用之，则阘冗

放废而已。夫乌知所施各有其时，因之则治，违之即难，以为理也哉？曹、汲二公盖善用因者也。

金孝章氏曰：黄老之治，非全不事事者也。汲之卧阁东海，一似颓然置弗问者。然曰『择丞史而任之』，择之时岂不用意乎？曰『责其大指而已』，责之中岂无妙略乎？夫大指苟当，即细苛何为哉？且细苛亦诚何益也？治大国若烹小鲜，既已言之矣。

韩延寿守东郡，尚礼义，好古教化，所至必聘贤士，以礼待用，广谋议，纳谏诤；举行丧让财，表孝弟有行；修治学宫，春秋乡射，陈钟鼓管弦，慎(盛)升降揖让，及都试讲武，设斧钺旌旗，习射御之事。治城郭，收赋租，先明布告其日，以期会为大事，吏民敬畏趋向之。按：延寿尝出，临上车，骑吏一人后至，敕功曹议罚。还至府门，门卒

当车，愿有所言。延寿止车问之，卒曰：『《孝经》云：「资于事父以事君，而敬同，故母取其爱，而君取其敬，兼之者父也。」今明府早驾，久驻未出，骑吏父来至府门，不敢入。骑吏闻之，趋走出谒，适会明府登车。以敬父而见罚，得毋亏大化乎？』延寿举手舆中曰：『微子，太守不自知过矣。』归，召见门卒。卒本诸生，闻延寿贤，无自达，故代卒，延寿遂即用之。其纳善听谏类此。

迂庵子曰：为政之要固在得人，而知人亦不易矣。何则？盖粉饰者见赏，则暗修者弗庸；迎合者受知，则骨鲠者蒙弃；搏击者上考，则长厚者无称；要结者得獾，则孤立者无誉；畔援者承旨，则寒微者自疏。故下吏之受知于长官，寒士之见售于当事，真有难于叩九阍者。斯人也，安得不托身门卒，以自见乎？吾不能不为之慨然！

金孝章氏曰：用人者贵于能听其言，不然，虽日尊而礼之，贤者弗乐也。惟能听言，然后真贤麇至，孟子所谓『人将轻千里而来告』者也。若自诩好士，而其左右皆谗谄面谀之人，尚安望其门卒中有慷慨进谏者耶？

龚遂守渤海，治郡有声，宣帝闻而征之。议曹王生愿从，功曹进曰：『王生不可使也。性嗜酒，无节度。』遂素知王生贤有智略，且不忍逆，从至京师。王生日饮酒不视事。会遂引对将入，王生醉，从后呼，曰：『明府且止，愿有所白。』遂还问其故，王生曰：『天子即问君何以治渤海，君不可有所陈。宜对曰：「皆圣主之德，非小臣之力也。」』遂受其言。上果问以治状，遂对如王生言。宣帝悦其有让，笑曰：『君安得长者之言而称之？』遂因前曰：『臣非知此，乃臣议曹教戒臣也。』上以遂能不掩善，益贤之，拜水衡都尉，擢王生为水衡丞，以褒显遂云。

潘鳞长氏曰：按：遂形貌短小，初帝心轻之。王生嗜酒不省事，功曹常以为言。殊不知龚、王两人胸中固自了了，然则人胡可以皮相哉？或谓遂直让王生之言以对，其沽直耶？曰：否。臣事君以忠，然此特一事之微耳，尚隐忍之而不对，则大于此者可知也。昔孔子为鲁司寇，少正卯言伪而辨，则伏两观之诛，以为万世臣子伪言之戒，可不谨哉？嗟夫，掩人善而不言，窃人长而为己有者，读此能无愧于心乎？

金孝章氏曰：用人贵得其力，不在苛绳以文墨也。王生之饮酒无度，漫不视事，非龚遂能容之哉！乃卒得其长者之言而称之，声誉交著，况进于王生者乎？若夫对君之诚伪，其祸福历见于前事矣。

王堂守汝南，搜才礼士，不苟自专，乃教掾史曰：『古人劳于求贤，逸于任使，故能化清于上，事辑于下。其宪章朝右，简核才职，委功曹陈蕃。匡政理务，拾遗补阙，任主簿应嗣。庶循名责实，察言观效焉。』自是委诚求当，不复妄有辞教，郡内称治。

张霸守会稽，表用郡人处士顾奉、公孙松等。奉后守颍川，松为司隶校尉，并有名称。其余有业行者，皆见擢用。郡中争励志节，习经者以千数，道路但闻诵声。霸初到越，贼正炽，乃移书开购，明用信赏，贼遂束手归附，不烦士卒之力。童谣曰：『弃我戟，捐我矛，盗贼尽，吏皆休。』视事三年，谓掾史曰：『太守起自孤生，致位郡守。盖日中则移，月满则亏。老氏有言：「知足不辱。」』竟上书去。

陈宠守广汉。西川豪右并兼，吏多奸贪，诉讼日数百。宠举王涣为功曹，镡显为主簿，委以腹心。涣等当职割断，不避豪强，风化大行，讼者日减，郡中清肃。后帝闻之，征入大司农，问曰：『卿在郡，以何为理？』宠顿首谢曰：『臣任功曹王涣以简贤能，主簿镡显拾遗补阙，臣不过奉宣诏书而已。』帝大悦，涣、显繇此知名，不负所举云。

潘鳞长氏曰：往者汉宣帝时拜刺史守相，辄亲问，退而考察所行以质其言，名实不相应者必罚之，有治理效则以玺书勉励，增秩赐金。公卿缺，则选诸所表以次用之，故得良吏以保其民。后世人主未闻于某守某郡、某宰某邑亲见而问之曰：汝作郡以何为先？汝作邑以何为急者？其在官也，未尝有察其言，验其行而诛赏之以示

劝沮者；其还也，未闻劳而问之曰：汝作郡，除民害者几？兴民利者几？汝作邑农桑较前孰富？风俗较前孰美？而观其人材，考其治绩，擢为公卿，则可以激厉人心，而成一治化易易矣。不则，欲官无殃民之政，朝有得人之效，风移俗化，如陈宠之守广汉，只奉宣诏书而已，岂不难哉？

王龚守汝南，政崇温和，好才爱士，引进郡人黄宪、陈蕃等。宪不屈，蕃则就吏。初到，龚以政不即召见，乃进记谢病去。龚以其倨，欲除其录。功曹袁阆请见，言曰：『闻之传云「人臣不见察于君，不敢立于朝。」蕃既以贤见引，不宜退以非礼。』龚改容谢曰：『是吾过也。』乃复厚遇，荐于太尉李固，表征拜议郎，为一时贤哲引进标的，繇是后进知名之士莫不归心焉。

任延为会稽都尉。时年十九，迎官惊其壮。及到，静泊无为，先遣馈礼祠延陵季子，聘请高行董子仪、严子陵，待以师友之礼。掾吏贫者，分俸禄以赈给之。每行县，辄使慰勉孝子顺孙，就餐饭之。吴有龙丘苌者，隐居不辱。掾吏白请召之，延曰：『龙丘先生躬德履义，有原宪、伯夷之风。都尉洒扫其门，犹惧辱焉，岂可召乎？』乃遣功曹奉谒，修书记，致医药，吏使相望于道。积岁，苌乃出署议曹祭酒。繇是郡中贤士大夫争往事焉。

按：会稽有龙丘苌者，隐居太末，志不降辱，王莽时四辅三公连辟不到，而延能礼之，且署为议曹祭酒，而感其郡之贤士大夫争往事焉。夫以不辱志之苌，不辅公府之辟而受署于一都尉之门，然则礼义感竦人也至矣哉！

薛宣守左冯翊，其平陵薛恭、钜鹿令尹赏，宣令恭与赏更调为治。二人视事期月，皆称治。宣即移书劳勉之曰：『昔孟公绰优于赵魏而不宜滕薛，故或以德显，或以功举，「君子之道，焉可诬也！」属县各有贤者，冯翊垂拱蒙成。愿勉所职。』又宣得郡中吏民罪名，辄召告其县长吏，使自行罚。晓曰：『府所以不自发举者，不欲代县治，夺贤令长名也。』长吏莫不喜惧，免冠谢宣归恩受戒者矣。

潘鳞长氏曰：吏有罪令县长自行罚，已为县长下一针砭矣，却又归以贤名，而不侵其柄，此诚得大体者，人安得不喜惧并深矣乎？喜者，感也。惧者，愧也。感与愧合，而天下无不化之人矣。

郑当时守济南，及大司农，多惠政。性廉介，不治产，得俸赐给贫士。然馈遗人，不过具器食。每朝，候上间说，未尝不言天下长者。其推毂士人及官属丞史，诚有味其言也。常引以为贤于己。未尝名吏，与官属言，惟恐伤之。闻人之善言，进之于上，惟恐其后。山东诸公翕然称『郑庄』。后使视决河，自请治行五日。上曰：『吾闻郑庄行千里不赍粮。』其名重如此。

潘鳞长氏曰：唐宁王善识马。一日宾客燕集，有马牙人麴神奴请呈二马。宁王即于中堂阅试，其毛骨形相，神骏精彩。众宾观之，不相上下。王顾问神奴其价几何，牙人先指：『此一千缗。』次指：『此五百缗。』王命左右如言付钱，马送上厩。众莫测，共询其故。王即令鞭辔驰驱，往复数四，问坐客辨优劣否，皆曰：『不辨。』王乃顾千缗者曰：『此马缓急，百返蹄下不起纤尘。』顾五百缗者曰：『此马十过之后，微起尘埃，以此定其价之多寡也。』

众乃服。金移刺按答善识马，阅马于市，见良马虽羸瘦，辄与善价取之。嗟乎，世之相士者，有如宁王辨马价于微尘之间，则人无逃其鉴者；求士者，有如移刺用善价于羸瘦之际，则野无遗贤矣。即不然，有如郑当时闻人之善言上之，惟恐其后，亦庶几可以尽一世之人才而无乏才之叹也。有事权者，可不于此加之意乎？

庞参守汉阳。郡人任棠有奇节，隐居教授。参到，先往候之。棠不与言，但以薤一大本，水一盂置门屏前，自抱孙儿伏于户下。参思其微意，良久曰：『棠欲晓太守也：水者，欲吾清也；拔大本薤者，欲吾击强宗也；抱儿当户者，欲吾开门抚孤也。』于是叹息而还。参在职，果能抑强助弱，以惠政得民心。

潘鳞长氏曰：以棠托意于物，而参遽能得之言外，如此其能成善治，以循良称，岂偶然哉？古之为治者莫不各有师承，如汉初曹参起兵革为齐国相，犹能虚中堂以礼事盖公。古人能成事功，必有所自来类如此。庞参于任棠，得此意也。迨世益下，此风日微，郡守不请士，县令不迎师，上焉者又漫不加意，无怪乎治道之不古若也。

金孝章氏曰：长吏折节下士，亦冀有所开益，相与有成耳。乃稍稍霑接，则阳鲚纷纷来；询其所陈，则皆不可言者也。于是吏亦贱士，而不肖者因与之为市焉。嗟乎！古道弃如土矣。

王涣令考城。邑人仇览素有纯德，涣礼而辟之，署为主簿，谓曰：『闻在蒲亭，陈元不罚而化之，得无少鹰鹯之志耶？』览曰：『以为鹰鹯，不若凤，故不为也。』涣曰：『枳棘非鸾凤所栖，百里非大贤之路。』乃以一月俸为资，

令入太学。时同郡符融有高名，与览比宇，察其容止，心独奇之，乃与郭泰投刺谒之，因留宿。明旦，泰拜之曰：『君，泰之师，非泰之友也。』涣闻之，益敬服。

潘鳞长氏曰：自汉以来，何尝专以科目取士，而士之能见美者亦史不胜书。盖乡里有推誉之公，州郡有辟举之盛，其贤易达故也。后世全不之讲，于是礼士如王涣，所礼如仇览，均不可得而见矣。览诚鸾风流哉！非涣之资助引荐不遗余力，亦安遂翔声太学，荣重于高贤也？知己之难，真千载而一遇，言之可为怃然！

孙宝为京兆尹。故吏侯文以刚直不苟合，常称疾不仕，宝以恩礼请文，为布衣交，日设酒食，相对参论治政。文乃求署掾，进见如宾礼。数月，以立秋日，署文东部督邮。入见，敕曰：『今日鹰隼始击，当顺天气取奸恶，以成

严霜之诛，掾部曲有其人乎？』文昂然曰：『无其人不敢空受职。』宝曰：『谁？』文曰：『霸陵杜楃季。』宝问：『其次。』文曰：『豺狼当道，不宜复问狐狸。』宝默然。文曰：『明府素著威望，今即阖阁，勿问竟岁，吏民亦未敢明府欺也。』宝曰：『受教。』于是杜楃季闻之，杜门不通水火，穿舍后墙为小户，自持锄以治园，遂不敢犯法。宝亦竟岁无所谴，其任文之力也。

潘鳞长氏曰：侯君节干如此，此岂下吏中人哉？然以刚直不苟合，常称疾不仕，向非孙京兆以礼为罗，亦未易致之而成，此政化也。夫刚直不苟合者，必非无益于人者也。而往往以此疏之，宜其常称疾不仕也。

陈登守广陵，辟郡人陈娇为功曹，娇曰：『闻远近之论，颇谓明府骄而自矜。』登曰：『夫闺门雍睦，吾敬陈元

方；渊清玉洁，吾敬华子鱼；清修疾恶，吾敬赵元达；博闻强记，吾敬孔文举；雄资杰出，吾敬刘玄德：所敬如此，何骄之有？』功曹进而谢，遣其治。

金孝章氏曰：敬人者，虽匹夫来于前，未尝狃也；爱人者，虽鳏寡过之，亦闵然念其穷也。若夫友士而图其益，岂漫无决择乃称道广哉？夫英俊之士固有越于千千之俦者也多，诚乐之，然而势有所不能矣。陈登敬华、孔五公，而谓其骄而自矜，是必不见礼于登者之言耳。费惠公师子思而友颜般则王顺、长息者，亦将谓其骄矜可耶？

孔融守北海。比至，崇学校，举贤才。以彭璆为方正，邴原为有道，王修为孝廉。至高密县，为郑玄特立一乡，名郑公乡。郡人甄子然孝行知名，早卒，融恨不及见之，

乃令配食县社。素与蔡邕善，邕卒，后有虎贲士貌类邕，融每酒酣，引与同坐曰：『虽无老成人，尚有典型。』融闻人善，若出诸己，言有可采，必演而成之；面告其短，而退称其所长，荐达贤士，多所奖进，知而未言，以为己过，故海内英俊，多信服之。

潘鳞长氏曰：大都能爱才者，必其高识至性诚然于中，不可迁易，有如寤寐饮食之切。如文举之为郑公立乡，配孝子于县社，虎贲类中郎则引与同坐，何其肫笃感人有若此也？此岂作而致之者哉？至于面告其短，退称所长，其谁不感激思奋以报知己？夫贤者，怀才抱德，虽不乐于谀闻，然有高识之士，一旦知而赏之，欣赏交集，即贤者宁独无自慰之心乎？爱才如孔公者，真可为法于天下矣。

庞统为蜀郡功曹。性好人伦，每所称述，多过其才，人怪问之，统曰：『当今雅道陵迟，善人少而不善人多，方欲兴风俗，长道业，不美其谈即声名不足慕企，而为善者少。今拔十得五，犹得其半，可以崇迈世教，使有志者自励。』

迂庵子曰：晋谢朓亦词人耳，尝有言曰：『士子声名未立，宜共奖成，无惜齿牙余论。』其激励人才之意与庞公同一旷达，然皆可为世则矣。

应（唐）彬刺雍州。初下教曰：『此州名都，士人林薮。处士皇甫申叔、严龙舒、姜茂时、梁子远等，并志节清妙，履行高洁。入境望风，有怀饥渴，思加延致，待以不臣之典。幅巾相见，论道而已，岂以吏职，屈染高规。郡国备礼发遣，以副于邑之望。』于是四人皆到，彬敬而待之，以次进用，各任显要，州以大治。

金孝章氏曰：读应（唐）彬所下教，何其词旨温然，感人深也。夫贤宰心诚求士，未尝不以实应之而其效有可睹。彼求而不得，得矣而不收其效，倘亦求之之道，犹有所未尽者。不然，吾未见其人也。

张咏在朝，范延赏自豫章入都，咏问曰：『沿途曾见好官否？』延赏曰：『萍乡令张希颜者，虽不识知其为好官也。比入境，野无惰农，肆无游食。桥梁修，驿传治，夜宿邸次，更鼓分明。此必善作官者。』咏笑曰：『张君固美，足下亦知人矣。』即日同荐于朝。

潘鳞长氏曰：荐贤如张魏公，方是实心为国。若徇情面而必待监司之殿最至，与冒于货贿而必俟请托之来，始为奏达，斯不肖之尤者也。采无心之评骘，据可见

之职业，并进贤者同升于朝，奖其知人之鉴，斯称极破格者矣。破格者，虽异于众之辞，乃适得其正之辞也。张公不过得其正耳，荐贤岂有格乎？格之为言，愚者所勉，循恐其不及，而高明君子之所以为可笑者也。

金孝章氏曰：此三人者，其才品识量，皆不可及，皆可为大臣者也。张希贤（颜）只自做官，初无媚过客意，而延赏知之甚决，张咏信之不疑，曾不待于谋面，岂非臭味之真同哉？盖有心求人者，无处不留心采访，为国之外，遑知其他国有此三等人，不问而知其必治矣。

晏殊知应天府。自五代以来，学校废坏，殊始建学为诸州倡。闻吴人范仲淹贤，延之学官，以教生徒。仲淹敦尚风节，每论朝廷利害，感激思奋。殊深器之，力荐于朝，为秘阁校理。及章献专制受朝，仲淹上书切谏。殊闻之，

召仲淹诘之曰：『奈何狂率邀名，恐累荐者。』仲淹正色曰：『仲淹谬辱公荐，每惧不称为知己羞，不意今日以忠直获罪门下也。』殊改容谢之。

潘鳞长氏曰：以晏殊之知人也，一闻仲淹切激之谏，尚恐累及荐者，而以狂率诘之，况不如晏者乎？或曰：荐士固贵有识，亦贵有胆。余曰：胆即生于识耳，使见之果真，岂毁誉利害所得惑哉？殊之识量虽不及仲淹，然相遇如此，亦可谓能荐贤者矣。

金孝章氏曰：荐人于朝，其人乃能上疏切谏，此所谓不辱知己者也。若以累及荐者为惧，必将默无一言，禄禄自固而已。荣其所以辱，而辱其所为荣，知己岂易言乎？晏知仲淹未深，宜以此厚期之耳。

赵抃为殿中侍御史，弹劾不避权幸，京师目为『铁面

御史』。其意欲朝廷辨白君子小人，以为『小人虽小过，当力遏而绝之；君子不幸诖误，当保全爱惜，以成就其德。』未几，抃举吴中为御史。抃未识面，或问何以举之，抃曰：『昔人耻为呈身御史，今岂荐识面台官耶？』

潘鳞长氏曰：大抵荐人者不举识面台官，才可以砺士气；荐于人者不为呈身御史，才可以明官箴，道固两相成者。不然，上喜奔竞，而欲在下者羔贽不饰；下工夤缘，而欲在上者竿牍不通，得乎信乎？官箴士节，两相砥砺，而国家庶得人才之实用，不则何贵焉耳？

赵方守襄阳十年，以战为守，合官民为一体，通制总司为一家。许国以忠，应变如神，隐然有樽俎折冲之风，故金虏大困淮蜀而京师独全。方能用名人，陈咳、游九功辈皆拔为大吏；扈再兴、孟宗政皆自土豪，推诚擢任，卒

为良将，故能藩屏一方，使朝廷无北顾之忧。及病革，曰：『未死一日，当立一日纪纲。』人多思之。

迂庵子曰：昔人谓赵方忠，盖自守坚如铁石。守边十年，以身殉国，抗疏主战，务雪仇耻，此皆实德之可称者。观其『未死一日，当立一日纪纲』之言，苟非心乎宋室者，安能言之亲切乎？至于推诚擢用名人、土豪，皆拔为将，信非庸才俗吏可企也。

蔡襄知福州，治濒海渠塘溉民田，减前代丁口十之半。首聘陈烈、郑穆辈，以经学广励多士，咨访民瘼，风俗一变。仁宗闻其母老，赐冠帔存问，亦盛典也。

金孝章氏曰：君谟在闽，有此善治，不徒作《荔枝谱》而已。礼聘贤者，广励经学，宜其风俗之丕变哉。且使朝廷推恩，异数及母。噫，可谓荣矣！

余玠知重庆。时西蜀残破，阃帅皆不称职，贤才沦弃，法度荡然。玠至，大更弊政，遴选守宰，筑招贤馆于府左，供帐一如帅居，下令曰：『诸者旧贤士，欲以谋告我者，近则径诣公府，远则自言于郡，所在以礼遣之。』士之至者，玠殷勤款接，咸得欢心；言有可用，随其才而任之。播州民冉琎、冉璞兄弟，俱有文武才，闻玠贤，谒之，玠待以上宾。居旬日，请问曰：『某兄弟辱明公礼遇，思有以少裨益之，非敢同众人也。为西蜀之计，其在徙合州城，治钓鱼山乎？』玠喜曰：『此玠志也。先生之谋，玠不敢掠以归己。』密以闻于朝，请不次官之。诏琎权发遣合州，璞权判合州；徙治之事，悉以任之。钓鱼既成，蜀始可守。玠又任都统张实治军旅，安抚王惟忠治财赋，监簿朱文炳接宾客，搜举英贤，事有常度，以至修学养士，轻徭薄征，靡不为之。自宝庆以来，蜀帅未有及之者。

迂庵子曰：蜀号难治，自昔已然。当玠时，蜀日益坏，东西川无复纪律。监司戎帅，各专号令，擅易守宰，荡无纲维。又王夔恃稀突之易，而复怀吴曦之逆，纵兵残民，为蜀所苦。玠一至蜀，诸所除害兴利者，具举其效。至于罢饷撤戍，盖玠之自许挈全蜀还宋者已，酬其言矣。乃逸口遂行，而使赍志以没，理宗之许玠者，无乃食言乎？然久假便宜之权，而寄耳目于群小，疑惧者遂至拒命。玠之召衅，固有自来。余于是益叹昔人之治蜀，如张咏、赵抃、崔与之三人者，身名俱全之难也。

康济谱卷二 才识

区事赜矣，才克用周。彼曷步蹶，此焉刃游？昧隔朗贯，则智鉴其优。次才识第二。

潘鳞长氏曰：人之才，相去岂甚相远哉？顾有识者少耳。盖识所以用才，识大则才亦大矣。或镇之于纠纷，或应之于仓卒，或析之于纤微委琐之间。第觉人动我静，人忙我闲，人室我通，人疏我密，于以持危定倾，达艰阻，决犹豫，弭变故于俄顷，烛事几于未形，优优焉，洞洞焉，而其人自此远矣。季世务会日繁，猾毛而起，而暗者为之，如探冥室，如步昏蹊，如轻试于不测之川，茫洋乎，莫知所济，劳困剧而绩效不彰，所望通识，君子岂不急焉？

田叔守汉中，尝召按梁孝王，还报曰：『陛下无以梁事为问。若梁王不伏诛，是废法；如其伏诛，而太后废寝食，此忧在陛下矣。』帝善之，后相鲁王。民间讼王苛取者若干人，叔阳怒而笞之，曰：『王非若主耶？何敢自言！』王闻之，大惭，发钱使叔偿民，叔曰：『王自使人偿之，不然，是王为恶，而相为善也。』

潘鳞长氏曰：夫断大事、决大机者，非独巽懦观望、首鼠前却，即勇悍剽轻者不任焉。田叔让德不居固妙，然人臣处已贵当不伤君以媚民，自应尔尔。然余更善其按梁一事，为能善处人骨肉之间也。

汲黯事武帝为谒者。河内失火，烧千余家。上使往视之，还报曰：『家人失火，比屋延烧，不足忧也。臣过河南，见贫人伤水旱万余家，或父子相食。臣谨以便宜持节，发河南仓粟以赈之，请归节伏矫制之罪。』上贤而释之。匈奴王降汉，发车迎之，贷民马，不具。上怒，欲斩长安令。黯

曰：『令无罪，独斩臣黯，民乃肯出马。且匈奴畔主以降，汉何至罢中国以事之乎？』上默然。

潘鳞长氏曰：黯不以延烧比屋为足忧，而汲汲焉贫伤之是济；不以降汉远夷为足慕，而断断焉中国之是恤，可谓明于缓急轻重之衡者矣。非社稷臣，曷克具此识干乎？余观汲黯立朝，儒术不如公孙弘，法令不如张汤，名位不如大将军，而群臣畏之，淮南王畏之，虽人主亦敬惮之。忠直之风，汉廷一人而已。

隽不疑为京兆尹。有男子乘黄犊车，衣黄襜褕，着黄帽，诣阙，自谓卫太子。诏公卿二千石杂识视。吏民聚观者万数。右将军勒兵以备非常，皆莫敢发言。不疑后至，叱从吏收缚。或曰：『事未可知。』不疑曰：『昔蒯聩违命出奔，辄拒不纳，《春秋》是之。卫太子得罪先帝，亡不即

死，今日诣，此罪人也。』诏廷尉验治，竟得奸状。上闻之，嘉曰：『公卿大臣当用有经术、明于大义者。』繇是名声益重。在位者，皆自以为不及云。

潘鳞长氏曰：胡明仲论不疑误引圣经，最确。殊不知当男子诣阙时，举朝莫敢言其奸，而一隽不疑乃能叱吏收之。斯时非引聩事，不足以破群议而证其罪，使稍涉依违，便成不决之案。若不疑者，可与权矣。

何武守沛郡，有富翁赀十余万，惟一子，方二岁，别无亲属，一女又非贤。翁病，恐婿争其财，遂呼族人为遗书，悉以财属女，但遗一剑云：『儿年十五，以此付之。』其后亦不与儿，儿诣武诉。武因录女及婿，省其手书，顾谓掾吏曰：『女既强梁，婿复贪鄙，翁虑贼害其儿，故且付女与婿内，实寄之耳。夫剑者，所以决断限年十五，度其

子之智力，足以自居，女婿必不还剑，当闻郡县，或可证理。此凡庸耳，何思虑深远如是哉！』悉夺其财与儿，曰：『弊女恶婿，温饱十年，亦已幸矣』闻者叹服。又一奉使者，遗其姓字。有富民张老无子，赘婿于家。后妾生子，名一飞，甫四月而张老卒。张病时，谓婿曰：『妾子不足任吾财，当畀汝夫妇耳。但养彼母子不死沟壑，即阴德矣。』乃书券与云：『张一，非吾子也。家财尽与吾婿，外人不得争夺。』婿乃据之不疑。后子壮，告官求分，问官据券不问。一日，奉使者至，妾子复诉，婿仍执券证。奉使者因更其句读，曰：『张一非，吾子也，家财尽与。吾婿外人，不得争夺。』曰：『尔岳翁明谓「吾婿外人」，尔尚敢有其业耶？诡书「飞」作「非」者，虑彼幼为尔害耳。』尽断给妾子，人皆称快。

金孝章氏曰：句读离合之间，意思相远如此。因思古来善著书人，其书当不易读，保不使人读坏否；又未知果有善读如奉使君者，会出著书人本意否。张老小弄文法耳，犹且至久始明，何况玄文奥义，待人搜求者耶？甚矣，有心人之不数遇也！

刘琨刺并州。初在晋阳，为胡骑所围，城中窘迫。琨乃乘月登楼清啸，贼闻之，皆凄然长叹，怀土弃围而去。

金孝章氏曰：可见胡人亦有性情，不然，胡啸之能感也？后世之虏岂独顽钝于古乎？然觅一能啸人了不可得，吾又疑啸法之不传矣。

刘弘刺荆州。旧制，岘、方二山泽中严渔禁。弘下令曰：『礼，名山大川不封，与共其利。今公私兼并，百姓堪乎？』悉听民捕鱼。每有兴革，遗书守相，争赴之曰：『得

刘公一纸书，贤于十部从事矣。』

潘鳞长氏曰：弛惠于民，正所以宽民力，不知者第以为不封其利云耳。刘荆州之言，所见甚大，所存甚深。其兴其革，必非区区目前之利害者矣。最可笑者，近日布衣武弁纷纷陈说利弊，至有徒快一时之听，不顾万民之害者，若非政府主持，天下不几为横议所坏乎？

曹摅令雒阳，时天雨雪，宫门夜失竹马，群官简察，莫知所在。摅收门士，众咸谓不然。摅曰：『官掖森严，非外人所敢盗，必门士以燎寒耳。』诘之，果服。

潘鳞长氏曰：事有极平，而人揣之过深；极近，而人求之太远者。此类是也。群官简察，莫知所在者，盖皆以为必有极深远难明之故焉，岂知不过如此而已。此摅所以收门士而众咸谓不然也。柳庆远仕齐，守魏兴。郡遭

杨津刺岐州。有武功人赍绢三匹，去城十里，为贼所劫。时有使者驰驿而至，被劫人因告之。使者到州，以状白津。津乃下教云：『有人着某色衣，乘某色马，在城东十里被杀，不知姓名，若有家人可速收视。』忽一老媪行哭而出，云是己子。随遣骑追收，并获其绢。阖境畏服。至于守令僚佐有浊货者，未曾公言其罪，尝以私书切责之，官属莫不感厉遵法。寻除刺定州。贼帅鲜于修礼、杜洛周残掠州境，孤城立两寇之间。津于城中作地道，潜兵涌出，置炉铸铁，持以灌贼。贼遂相告曰：『不畏利槊坚城，惟畏杨公铁星。』

崔伯谦守济北，清直慈爱，恩信大行。朝贵过都境，问其土人守政何似，土人曰：『府君恩化，古者所无。』因诵其郡人歌曰：『崔府君，能临政；布威德，人无争。』朝

贵曰：『既称恩化，何因复威？』土人曰：『长吏惮其威严，人庶蒙其恩惠。』后守钜鹿，属县有冤不能理者皆曰：『我自去告白须公，不虑不决。』

金孝章氏曰：杨津之收贼也，妙在示彼以疏，而后密者乘焉。得其道者，可以行兵。所以出其余智远胜坚城利槊耳。至于不暴僚友之罪，私书切责，德也，而威寓焉。崔伯谦固恩惠黎庶者，而长吏惮之，岂其亦出于此耶？『德威惟畏』，信然。

李崇都督江西诸军事。先是，寿春县荀泰有子三岁，遇贼失去，后知在同县赵奉伯家。泰以状告，各言己子，郡县不能决。崇令二父与儿各禁别处旬日，然后告之曰：『儿忽遇患暴死。』泰闻悲号不已，奉伯惟咨嗟而已，遂以儿还泰。

暴水，人欲移于杞城。庆远曰：『吾闻江湖长不过三日。』命筑土御之。俄而水退，人服之。

潘鳞长氏曰：暴水之至，非谓一无损于民者。然与其移城避之，播迁劳动，其为损也孰大，飘风不终朝，骤雨不终日，理所固然，天下事惟耐者胜之耳。三日之后，便自可图安宅。必耐不得，则如盘庚之迁殷，然犹矢言谆谆。若此其艰难也，躁动者可不慎乎哉？

杨昉为左丞。时宇文化及子孙理资荫，其亲戚多为言者。朝廷以事隔两朝，行司理之。至左司，昉未详案，诉者勃然逼昉，昉曰：『适朝退未食，俟食详案。』诉者曰：『公言未食，亦知有累年羁旅者乎？』昉命案批之曰：『父杀隋主，子诉隋资，生者犹配远方，死者无宜更叙。』时论服之。

潘鳞长氏曰：凡剖决明敏者，非机警人所能。全是识有以了之，使情事曲中，通于法所不及，而理议亦遂确不易焉。此庄生所谓『以无厚入有间，恢恢乎游刃有余』者也。批导砉然，不亦宜乎？

于仲文倜傥有大志，气度英拔，为安固守。有任、杜两家各失牛，后得一牛，两家俱认，不决。益州长史韩伯曰：『于安固少年聪察，可令决之。』仲文曰：『此易耳。』乃令二家各驱牛群至，乃放所认之牛，牛遂向任氏牛群。又使微伤其牛，任氏嗟惋，杜氏自若。遂诃杜氏服其罪。

潘鳞长氏曰：凡听讼者，听其情耳。即无情者之辞，亦何尝不以情乎？人不足据而观之物，又即物诱人而人之天见焉。夫至人之天见而真伪画然，无情之辞，竟何益矣。

李惠刺雍州，长于忌察。厅前有燕争巢，斗已累日。惠令掩护（获），命纲纪断之，并辞。惠乃使卒以弱竹弹两燕，既而一去，一留。惠笑谓属吏曰：『此留者自计为巢功重，彼去者既经楚痛，理无固心。』群下皆服。又有负盐负薪者，同息树下。将行，争一羊皮，各言藉背之物。惠令争者出，乃置羊皮席上，以杖拷之，见少盐屑，曰：『得其实矣。』使两人视之，负薪者自伏罪。

潘鳞长氏曰：惟人与物，莫不具有至情，虽甚顽钝不灵，迫亦使出，此其所不能掩亦不可强者也。夫天下之楚痛伤心有过于取子毁巢者乎？育闵卒瘏，鸱鸮亦以告哀，足征人情物情之一致矣。二李公体验至此，可谓灵静入微矣。至李惠拷皮得主，尤从无理中搜出理路。夫非长于思察者，能乎哉？

高构滑稽多智，好读书，工吏事，迁冯翊。武乡女子焦氏，既哑又聋，嫁之不售。尝樵于野，与人犯而孕，遂生一男。年六岁，莫知其姓，于是申构省。构判云：『母不能言，穷究理绝。按《风俗通》，俗（姓）有九种，或氏于爵，或氏所居，此儿生在武乡，可以武为姓。

潘鳞长氏曰：尝见好读书者，多不能工吏事。及能为吏者，又往往未必读书。故临事非过于迂滞，即失之杜撰，每以为恨。若滑稽多智，好读书，工吏事，合而有之如构者，真快事也，第须善用之耳，乃知为吏者一味木钝不得。

崔郾为鄂州观察使。郾尝治陕以宽，经月不笞一人。及莅鄂，则严法峻诛，百不一贷。人问其故，曰：『陕土瘠而民贫，吾抚之犹恐其后；鄂土沃民剽，又杂以夷俗，非用威莫能治。政贵知变也。』

柳仲郢为京兆尹，吏治严明。后治河南，以宽惠为政。或疑其不类，郢曰：『辇毂之下，先弹压，郡县之治在惠养，岂可以类治乎？』

潘鳞长氏曰：为政者，不审其土俗民情，即以宽以严，均无补于治道。古人寓严于宽，所以防其姑息；寓宽于严，所以警其残忍。故宽以治之，而不失之滥；严以治之，而不失之苛，盖得其知变之意也。后柳仲郢之治河南，亦此道耳。

王重荣擢河中牙将，主伺察。时军士干夜禁，捕而鞭之。还诉于中尉杨玄寔，玄寔怒，执重荣让曰：『天子爪士，岂可藩较辱之？』答曰：『夜半执者奸盗，孰知天子爪士？』具言其状。玄寔叹曰：『非尔明辨，孰从知之？』

即擢右署簿较。

金孝章氏曰：凡能有所执者，必其识断有以坚之。夫苟持之有故，天子且不能夺，况爪士乎？中尉嘉且擢焉，则能举其职者。盖将有以自劝，而怙势挠法之人惧矣。

李晟以节度使巡泾川。时大将田希鉴郊迎，晟与之并辔而入，道旧甚欢，希鉴不复疑。晟伏甲而宴，宴毕，引诸将下堂，曰：『我与汝曹久别，可自言姓名。』于是得附朱泚乱者三十余人，数其罪而杀之，徐顾希鉴曰：『田郎不得无过。』并立斩之。

潘鳞长氏曰：李晟锄叛乱于樽俎之间，真有不动声色之雅。可见事当处变，必有一段凝静镇重之气象，方能以暇应卒，以静制动。如淝水之战，谢安石以赌棋制胜，澶渊之役，寇莱公以安寝成功。其与李晟之始终不令希鉴见疑者，皆是道也。不则，若王坦之之倒执手板，殷深源之竟达空函。夫先自乱已，又安能定天下之乱哉？

李愬雪夜入蔡州，取吴元济。夜半至悬瓠城，雪甚，城旁皆鹅鹜池，愬令击之，以乱军声。登城杀门者，令传柝自若。黎明，入驻元济外宅。吏白城陷，元济尚不信，曰：『是洄曲子弟来索褚衣尔。』及闻号令，曰：『常侍传语。』始惊，登牙城，田进诚兵薄之。元济请罪，槛送京师。二万众皆降，愬不戮一人。其为贼执事帐内厨、厩厮役，悉用其旧。乃屯兵鞠场以俟裴度，至，愬以櫜鞬出迎，度将避之，愬曰：『此方废上下分久矣，请因示之。』度以宰相礼受谒，蔡人耸动。

潘鳞长氏曰：吾观李愬雪夜入蔡，胆略何其壮也。

击鹜鹅以乱军声，斩守门而传柝自如，才智何其捷也。迨城陷而元济不信，军政何其肃也。擒元济而不戮一人，宅心何其仁也。一切供役仍其旧，气象何其静也。屯兵鞠场而不矜其功，又何其达也。行师如此，宜乎成功之速也。至具櫜鞬迎度于道左，请示上下之分于蔡人，不独耸蔡人一时之观，正欲使蔡人知有朝廷而不敢复萌叵测之心也。愬真有大臣之识哉！

张齐贤在平章。真宗时，戚里有分财不均者更相讼，又入宫诉。齐贤曰：『是非台府所能决，臣请自治。』上俞之。齐贤坐相府，召讼者问曰：『汝非以彼所分财多、汝分少乎？』曰：『然。』命具款。乃召两吏，令甲家入乙舍，乙家入甲舍，货财无得动，分书则交易。明日奉（奏）闻，上大悦曰：『朕固知非卿莫能断也。』

金孝章氏曰：此等处置，何其逸而简也。息争之方莫妙于此，此其所以请自治之自信非己不决也。使它人处此，必炽然辞费，动累时月矣。

曹玮知渭川（州），年十九，遇事明决如老吏。有告戍卒叛入西夏者，与客奕不应，军吏亟言之，玮怒曰：『吾固遣之耳，汝敢再三显言耶！』夏人闻之，斩叛者首投境上。三军肃然。玮用兵多奇计，神速不测。一日，张乐饮僚吏，中坐失所在。明日，徐出视事，而贼首已掷庭下矣。后知天雄，有犯盗者，众谓狱具必杀之，玮乃处以常法。人或以为疑，玮笑曰：『临边对敌，斩不用命者，所以令众；吾非好杀也。治内郡，安事此乎？』契丹使每过天雄，敕（勒）其部曰：『曹公在此，毋纵骑驰驱也。』

潘鳞长氏曰：少年人处事，大都疏浅躁率者多耳。

以玮之年而镇静秘妙如此，岂非得于天乎？又英敏者尝刻薄，而玮之治郡宽厚，独异于临边，卒使夷人詟之，非偶然也。然则其奇变不可学，其宽厚可学也。二者均失，则非愚之所敢知矣。

张咏知成都。当兵火之余，人怀反侧。一日，合军大阅，始出，众遂高呼，咏即下马，东望三呼，复揽辔徐行。众皆气沮，帖然以宁。或以告韩魏公，曰：『当是时，琦亦不敢措置。』

迂庵子曰：天下事出于熟计深思，尝才可办，惟变起于急卒，如飘风迅雷，闪倏莫定，自非英雄盖代之才未有不颠谬者。则是养气之学，不可不力究于平日也。嗟乎，处变至此，在韩魏公尚言其莫敢措置，况不逮此者乎？

金孝章氏曰：当大高呼时，倘仓皇失计，则上无以释朝廷之疑，下无以戢军士之志，不几交困乎？惟因时辅变，不露圭角，乃能消变于无形耳。昔郭子仪军中作乱，悉伏地呼子仪万岁，子仪亦伏地与众军同呼万岁，军乱即止。应变之妙，二公同揆也。

张咏知成都。民有诉主帅帐下卒，恃势吓取民财者。其人闻知，缒城夜遁。咏差衙校往捕之，戒曰：『尔生擒得，即浑衣扑入井中，作逃走投井申来。』时群党汹汹，闻自投井，则不复言。

潘鳞长氏曰：东坡《书张公帖后》有云：以宽得爱，爱止于一时；以严得畏，畏止于力之所及。故宽而见畏，严而见爱，皆圣贤之难事，所及者远矣。张公治蜀，用法之严似孔明。孔明与公遗爱至今，盖尸而祝之，社而稷之也。观公处夜遁卒事，真令人有宽而见畏、严而见爱之思焉。

隆庆中，贵州土官安国亨、安智各起兵仇杀，抚臣以叛逆闻，动兵征剿，弗获，且将成乱。新抚阮文中将行，谒执政高拱，拱语曰：『安国亨本为群奸拨置，仇杀安信，致信母疏穷，兄安智怀恨报复。其交恶互讦，总出仇口难凭。抚台偏信智，故国亨疑畏，不服拘提，而遂奏以叛逆。夫叛逆者，谓敢犯朝廷。今夷俗自相仇杀，于朝廷何与？纵拘提不出，亦只违拗而已，乃遂奏轻兵掩杀，夷民肯束手就戮乎？虽各有残伤，然亦未闻国亨有领兵拒战之迹也。而必以叛逆主之，甚矣。人臣务为欺蔽者，地方有事，匿不以闻，乃生事。幸功者又以小为大，以虚为实。始则甚言之，以为邀功张本；终则激成之，以实己之前说。是岂为国之忠乎？君廉得其实，宜虚心平气处之。去其叛逆之名，而止正其仇杀与夫违拗之罪，则彼必出身听理。一出身听理，而不叛之情自明。坐以本罪，当无不服。斯国法之正、天理之公也。今之仕者，每好于前官事务有增加，以见风采。此乃小丈夫事，非有道所为，君其勉之。』阮至贵，密访，果如拱言，而事卒以定。此与张乖崖处遁卒事同。夫一遁卒也，藉非乖崖作投井状，万一擒至，则大伤主帅体面，就中变态，始不可言也。即一安国亨也，若非高中玄力为主持，势必用兵，即使幸获，而竭数省之兵粮处以胜一自相仇杀之夷人，甚无谓也。二公信有才有识之人哉！

张锡为棣州军事判官。郓牙将主曲务，颇自恣，民有犯曲三斤，牙将即欲置于死。既而牙将盗麦百斛，私造曲。事觉，锡判曰：『曲犯三斤，求生不得，麦盗百斛，免死诚难。』人甚快之。

金孝章氏曰：牙将既苛恣绳民，于法不少贷，则其身犯也，宁容得自解免。读锡一判，不独铁案如山亦可以识律己处人之道矣。

陈恕领三司，掌利柄十余年，强力干事，胥吏畏服。帝初即位，命条具中外钱谷以闻，恕久不进，屡诏趣之，恕对曰：『陛下富于春秋，若知府库充实，恐生侈心，是以不敢进也。』帝嘉之。

潘鳞长氏曰：史言陈晋公不答钱谷之间，而曰『天子富于春秋，若知府库充溢，恐生侈心。』仁人之言，其利溥哉，何其简而切、婉而直耶！第不知何故，乃与利口之张洎、鸷击之李维清合论也。或者以恕久掌利柄，以干事称乎？是胡足以概恕也？恕知贡举，所取以王曾为首；及代，又举莱公，可谓知人矣。至言子淳不肖于帝前，后果以贿败，是又明于知子矣。且素不喜释氏，请废绎经院，辞甚切至，则其崇正之学又可知。子特表之，以见作史者之失权衡耳。

向敏中知永兴军，会邦人大傩，有告禁卒倚傩为乱者，密使麾兵被甲衣袍伏庑下幕中。明日，尽召宾僚兵官，置酒纵阅，无一人预知者。命傩入，先令驰骋于中门外，后召至阶，公振袂一挥，伏卒齐出，尽擒之，果各怀刃，即席诛之。剿讫屏尸，亟命灰沙扫庭，张乐宴饮。宾从股栗，人心帖服。

潘鳞长氏曰：袁了凡有云：宋世驭守令宽，每以格外行事，法外杀人，故不肖者或纵其恶，而豪杰亦往往得

藉以行其志。今守令之权渐削，自笞十至杖百仅得专决，而徒一年以上，必申请待报，往返详驳，经旬累月。于是文案益繁，而犴狴之淹系亦多矣。可见处今之世，纵有向公手段，吾必知其难行耳。

金孝章氏曰：凡备乱欲豫而警，除乱欲密而暇。然惟豫者能暇，警者能密。若向公之诛傩卒者，殆庶几焉。

梁适少孤，尝辑父遗文及所自著以进。真宗曰：『梁颢有后矣。』召为审刑详议官。梓州妖人白彦观依鬼神以诅杀人，狱具，以无伤谳，适驳曰：『杀人以刃或可拒，而诅可拒乎？』卒论死。忽有鸟似鹤，集端门，稍下及庭中。大臣倡以为瑞，适曰：『此野鸟入宫廷耳，何瑞之有！』人高其识。

潘鳞长氏曰：梁适驳妖狱最为精核，实足以折服妖

人之心，使之死其罪而不憾。至于野鸟下集，不以瑞附大臣，尤卓尔不群者矣，岂特继父著书为梁颢有后已乎？

李畴为开封推官，宦者李允良诉其叔父死，疑为仇家所杀，请发棺验视。众许之，畴独不可，曰：『苟无实是，无故而暴人之尸，安知非允，良有奸耶？』穷治之，果与其叔父家有怨。

俞献卿补安丰尉，有僧贵宁积财甚厚，其徒杀之，诣县言师远游。献卿曰：『吾与宁善，不告而去，岂有异乎？』其徒色变，因执之，得所瘗尸，一县大惊。

李及守泰（秦）州。会有屯驻禁军白昼掣妇女银钗于市，吏执以闻。及方坐观书，召之使前，略加诘问，便伏罪，命斩之，复观书如故，将吏皆惊服。

潘鳞长氏曰：按：及初除泰（秦）州，众议谓：『及

虽谨厚，非守边之才，恐不足以继曹玮。』杨亿见王旦，具道戍军事，且曰：『向者相公用及，外庭恐及不胜任。今及才器如此，相公信知人也。』旦笑曰：『夫以禁军戍边白昼为盗于市，主将斩之，事之常也，乌足以为异政乎？旦之用及者，非为此也。盖以曹玮知泰（秦）州七年，詟人奢服，边境之事，玮处之已尽其宜矣。使它人往，必矜其聪明，多所变置，败坏成绩。旦所以用及者，谓及必能守玮之规模耳。』亿深服之。如旦之识度，凡有用人之责者，宜法焉。薛简肃公帅蜀，民有得伪蜀时中书印者，夜以归，囊挂之西门。门者以白，蜀人随许以万计，皆汹汹出异语，且观公所为。公顾主吏藏之，略不取视，民乃止。此与李及斩戍后复观书如故同一识量。又梅少司马衡湘，制阃三镇。虏酋或言于沙中得传国玺，以黄绢印其文，顶

之于首诣辕门献之，乞公题请。公曰：『玺未知真假，俟取来，吾阅之，当犒汝。』酋谓：『累世受命之符，今为圣朝而出，此非尝（常）之瑞。若奏闻上献，宜有封赏，所望非犒也。』公笑曰：『宝源局自有国宝，此玺即真，无所用之，吾亦不敢轻渎上听。念汝美意，命以一金为犒。』并黄绢还之。酋大失望而去。或问公何以不为奏请，公曰：『王孙满有言，「在德不在鼎。」况虏酋视为奇货，若轻于上闻，虏益挟以为重。万一旨出征玺，而玺不时至，将真以封赏购之乎？』人服其卓识。此即薛简肃公藏印之意。天顺初，虏酋孛来近边求食，传闻宝玺在其处，石亨欲领兵巡边，乘机取之。上以问李贤，贤曰：『虏虽近边，不曾侵犯，今无故加兵，必不可。且宝玺秦皇所造，李斯所篆，亡国之物不足为贵。』上是之。此与梅少司马之见同一卓识也。

杜衍知凤阳（翔）。夏人初叛，天下苦于兵，自陕以西尤甚，吏缘以侵渔，调发督迫，至民破产不能足，往往自经，投水以死。衍在永兴，语人曰：『吾不能免汝，然可使汝不劳而集。』乃为之区处计较，量物有无贵贱，道里远近宽其期会，使以次轮送。繇是，物不踊贵，车牛刍秣宿食来往如平时，而吏束手无所施，民比他州费省十之六七。

王丽青氏曰：除奸剔弊，此能吏之易事。至于恤民之困而措置裕如，不作矜诩之态，使吏自束手无所施，非素定于衷者不能也。

范仲淹奏请建立学校，堪舆家谓仲淹所居南园地美，当踵生公卿，仲淹曰：『诚有之，不敢以私一家，曷若令天下之士咸教育于兹耶？』遂即地建学焉。

迂庵子曰：若富贵是一家私物，则前富贵人久据之，不及我矣。若富贵非一家私物，则后富贵人虽欲留之，旋且及彼矣。未富贵家原从已富贵家分过来，已富贵家仍听未富贵家分将去。今地师祝主人曰：『吾能使主人万代富贵。』夫富贵止此数，若此家万代富贵，则彼家必万代贫贱矣。天于彼家有何冤仇，而令之世世贫贱哉？地即有此理，天未必有此心。文正公惟不敢以私一家，而推以教育天下士，故迄今得世显而不谬。此真所谓天理也。

薛奎知开封，以严为治，肃清京师，民间相谓曰：『是不可犯也。』及居蜀，则以惠爱称。蜀俗喜乱而易摇，奎镇以无事，又能破奸发伏，无一不中。蜀人爱且畏之，以比张咏而不苛。奎尝部丁夫运粮至盐州，会久雨，粟麦渍

腐。奎白转运卢之翰，请纵夫还州而偿所失。之翰怒欲劾之，奎徐曰：『用兵久，人疲转饷。今幸兵食有余，安用此陈腐以困民哉？』之翰意解，凡民所失悉奏除之。

按：奎知开封，明镐为府曹，奎待之甚厚，且以公辅期之。其后奎守秦，盖尝辟以自随，优礼特甚。有问奎何以知其必贵，奎曰：『其为人端肃，其言简而理尽。凡人简重则尊严，此贵臣相也。』其后果验。

蔡齐判潍州，民有告某氏刻税印为奸利者，已逾十年，踪迹连蔓，至数百人。齐叹曰：『尽利于民，民无所逃。是为政者之过也。』为缓其狱，得减死者十余人，余皆释而不问。潍人皆曰：『公德于我，使我自新为善人。』自是风化大行。

按：公喜酒，先判济州，每饮辄醉。时太夫人年高，

颇忧之。忽门人贾存道过公数日，爱公之贤，虑以酒废学生疾，乃作诗遗公曰：『圣君恩重龙头选，慈母年高鹤发垂。君宠母恩俱未报，酒如成病悔何追？』公矍然谢之。自是终身未尝醉。如此门人固不易得，然要非公喜于闻过，亦未必能改之速也。

吴奎博学有识，后权开封，豪猾畏敛，治声赫然。方天下盛推王安石，以为必可致太平也。奎独语人曰：『安石心强性狠，不可大用。』他日安石被召，曾公亮称其『文学器业』，奎又对帝曰：『臣尝与安石同领郡牧，见其护非自用，所为迂阔。万一用之，必紊乱纲纪。』及安石执政，而奎之言果验。

潘鳞长氏曰：吴长文信有识之士哉！使当时信长文之言，不大用安石，则何至有熙丰之纷扰、元祐之党锢

乎？此与老泉辨奸同一巨智矣。

欧阳修知开封。先包拯为治，以严肃著声。修代之以简易，不求赫赫名。或谓修曰：『前政威名动天下，公之风采似弗逮。』修曰：『人之才各有长短，岂可舍己所长而用其所短？但当尽我所为，不能则止。』既而，都下事无不治者。修连典大郡，以镇静为本，不求声誉，惟存大体，虽盗贼大狱不过终日。尝曰：『以纵为宽，以略为简，则事弛废而民受弊矣。吾所谓宽者，不为苛急；简者，去其烦碎耳。』故所治民安，既去，追思不已也。

程颢为江陵簿。地当水运之冲，舟卒病者则留为营，曰小营，岁不下数百人，至辄死。颢察其繇，盖给券耽延困于饥者。颢白漕司给米贮营中，至辄与之食，自是多得生者。后判军节度。时河清卒法不他役，值中贵程昉为外

都水丞，蔑视州郡，欲尽取诸埽兵之二役河，颙拒以法。昉请于朝，以八百人与之。会天寒，众不胜役请归，城吏相视，畏昉不敢纳。颙曰：『此逃死自归，弗纳必为乱。昉有言，某自当之。』即亲往开门抚谕，约归休三日复役，众欢呼而入。具以状上闻，得不复遣。后昉奏事过，见颙气慑，既扬言曰：『潼（澶）卒之溃，乃程中允诱之，吾必诉于上。』颙笑曰：『彼方惮我，何能尔也。』会曹村埽决，州帅刘涣以急告。颙至，谓涣曰：『曹村决京城可虞。臣子之分，身可塞亦当为之，请尽以厢兵见付。』乃径走埽下，谕士卒曰：『朝廷养尔辈，正为缓急耳。尔知曹村决则注京城乎？吾与尔曹以身捍之。』众皆感激效命。事竟，有荐颙者，问所欲，颙曰：『荐士当以才之所堪，不当问所欲。』

潘鳞长氏曰：察饥困之舟卒，纳避死之役众，捍曹

村以护京城，拯民命于濒危，御灾变于不测，虽皆本乎其识，而济之以才，然无此一片真实爱民爱国之心，安得做事激切恳至尔尔？嗟乎，读『身可塞亦当为之』语，有不动心出涕者非人矣。

文彦博知成都。大雪，饮客达旦，帐下卒有谇语共拆亭烧以御寒者，军将以闻，彦博徐曰：『今夜诚寒，此亭弊矣，正欲改造，可尽拆为薪以御寒。』仍饮如常。明日乃究问先拆亭者，杖之。

迂庵子曰：拆亭御寒，侍卒之罪诚不可逃，然雪夜达旦，情亦既愤极矣，稍加督责，则变不可测，潞公处置，最为得体。

文彦博知永兴军。起居舍人毋湜鄠人也，至和中，湜上言，乞发铁钱用。上虽不从，其乡人多知之，争以铁钱

买物，无一受者。长安大乱，民乃闭肆，僚属请禁之，博曰：『如此是愈使惑扰也。』乃召丝绢行人，出其家缣数百匹，使卖之曰：『纳其直尽以铁钱，勿以铜钱也。』于是众知铁钱不废，市肆乃安。

王丽青氏曰：文潞公逮事四朝，任将相五十年，名闻四夷。东坡每对契丹使曰：『潞公综理庶务，虽精力少年有不如，贯穿今古，虽专门名家有不逮。』此虽用以折虏使而重中华，然潞公安民弭乱之才亦足以见其概矣。至于晚节，功成退居，朝野倚重，所谓推其余足以庇当世者。非耶，慨自潞公郑公相继以老，憸人无忌善类沦胥，而宋业颓矣。

李允则知雄州。民有诉为契丹民殴伤而遁者，允则不治，与伤者钱二千，众以为怯。逾月，幽州以其事来诘，

答以无有。盖他谍欲以殴人为质验，比得报，以为妄，乃杀谍。云翼卒亡入契丹，允则移文督还，契丹报以不知所在。允则曰：『在某所。』契丹骇，不能隐，即归卒，乃斩以徇。其方略多类此。

金孝章氏曰：间谍之来，不能必其不我侦，而可使其言之不必验，故以谍用谍，其功常倍；而即谍消谍，彼将以为不足恃也，亦未敢于轻我矣。

潘鳞长氏曰：先辈唐荆川论用间有云：用间使其自相疑，而自为斗，最是攻夷上策。然非深得敌情则不能用间，非熟于地形则不可以成犄角之势。而夜袭敌营，且我兵形既露，虏人亦日夜为备，而匿实示虚，匿近示远，匿精壮而示羸弱，百计以疑我者，宜亦深。是故得敌情为难，识此可以用间矣。

李允则知雄州，尝宴军而甲仗库火，允则作乐饮酒，不辍，副使请救，不答。少顷，火息。命悉瘗所焚物，密遣吏持檄瀛州，以茗笼运器甲。不浃旬，军器完足，人无知者。枢密院请劾不救火状，真宗曰：『允则必有谓，姑诘之。』允则曰：『兵械所藏，儆火甚严，方宴而焚，必奸人所为。若舍宴救火，事当不测。』

迂庵子曰：火作而饮酒不辍，器备而众心寂如，非有神识，不能洞奸；不有巨才，何能戢乱？祥符末，内帑火，缣帛几罄，三司使林特请和市于河外。章三上，王旦在中书，悉抑之，徐曰：『琐微之帛，固应自至，奈何彰困弱于四方？』居数日，外贡骈集，受帛四百万。盖旦先以密符督之也。此亦允则茗笼运甲之意，故附之。

王德用总管定州路，日训练士卒。久之，士殊可用。

会契丹有谍者来觇，或请捕杀之，德用曰：『第舍之。吾正欲其以宾（实）还告，百战百胜不如以不战胜也。』明日，故大阅，士皆踊跃思奋。乃阳下令：『具糗粮，听吾旗鼓所向。』觇者归告，谓汉兵且大入，遂来议和。

潘鳞长氏曰：不战而屈人之兵，王者之师也。干戈一动，即居常胜，伤残已多矣，惟审己者能知之。先年板升诸道既除，举朝皆喜，张江陵公语督抚曰：『此时只宜付之不知，不必通意老酋，恐献以为功，又费一番滥赏，且使反侧者益坚事虏之心矣。此辈宜置之虏中，异日有用他处，不必招之来归，归亦无用。第时传谕：「以销兵务农为中国藩蔽，勿生歹心，若有歹心，即传语顺义，缚汝献功矣。」然对虏使却又云：「此辈背叛中华，我已置之度外，只看他耕田种谷。有犯法生歹心，任汝杀之，不必来告。」以示无足轻重之意。』此亦王公用谍之智也。

金孝章氏曰：大凡守边庭，厉士卒，惟能使之可战者，乃能可以不战。所谓事豫则立，胜算欲长在我耳。若患至而为之图，事过而多其备，虽劳亦何益邪？然犹愈于不图且备者也。若后世则置边事不道，且有相戒以为讳者矣。临时惶促，事过便闲，亦何恃哉？曰：天耳。夫恃天之说，殆非所以告四方而垂后世也。

王德用知定州，时契丹在燕京，朝廷发兵屯定者几六万人。一日给粮，军士以米黑喧哗，监官惧逃。德用入仓，召专副曰：『昨令汝给二分黑米，八分白米，汝何不先白后黑？彼辈见米腐黑，以为所给尽如是，故喧耳。』专副对曰：『某之罪也。』公叱从者杖八十，又呼士卒谓

曰：『黑米亦公物，不给与汝曹，将弃之乎？』士卒相顾曰：『向不知有八分白米耳，某等死罪。』命人杖二十，乃召指挥詈曰：『衙官不戢士，使如此，欲求决配乎？』指挥百拜流汗，舍之，仓中肃然。

迂庵子曰：仓卒定变，只在指点分明，使军士有所藉，以不失望，要亦朝三暮四之故智也。人特临事惶怖，不及料理耳。当己巳之难，鞑虏将犯京城，声言欲据通州仓。举朝仓皇无措，议者欲遣人举火烧仓，恐敌因粮于我也。适周文襄在京，因建议：『令各卫军支半年粮，令其往取。』于是肩负者踵接，不数日，京师顿实而通州仓为之一空。此亦王公安定州士卒之遗意。嗟乎，与其委之烈焰而无用，孰若预支为两便乎！近日当事虽有此识，然未免掣肘惧祸，不敢直言耳。可胜叹哉！

吕公孺知永兴军，徙河阳，雒口兵千人，以久役思

归，奋斧锸排关，不得入，西走河桥，观听汹汹。诸将请出兵掩击，公孺曰：『此皆亡命，急之，病且生。』即乘马东去，遣牙兵数人迎谕之曰：『汝辈诚劳苦，然岂得擅还？一渡桥，则罪不赦矣！太守在此，愿自守者止道旁。』皆停立以俟。公孺索倡首者，黜（黥）一人，余复送役所。语其校曰：『若复偃蹇者，斩而后报。』众皆恬息。乃自劾专命，诏释之。

朱令古氏曰：此诸奋锸排关视听汹汹者，有一非我之兵乎？一出兵掩击，即人人敌矣。抚之而兵，击之而敌，转移在须臾间，天下事势，大都如此，可不慎所举动乎？

杜纮知郓州，有揭帜城隅者，著妖言其上，期为变，州民皆震。俄草场白昼火，民益恐。或谓大索城中，纮笑曰：『奸计正在是，冀因吾搅扰而发，奈何坠其术中？彼无能为也？』居无何，获盗，如所揣，遂按诛之。

金孝章氏曰：此与段秀实捕王童之之乱同。有以先发为贵者，有以不动为贵者。彼方有垂成之势，则先发者胜矣；彼原无能成之算，则不动者胜矣。

陈襄为蒲城簿，会邑令缺，襄摄县事。邑多世族，前后令罕能制，蔽蒙请托，习以为常。襄夜寐夙兴，务究其弊，讼之难听积久者，穷极本源，剖决无留。每听讼，必数人环列于前，私谒者无所发。繇是邑人知不可干，老奸宿猾，垂首丧气，境内肃然。

迂庵子曰：听讼而能穷极本源，是乃剖决无留之法。而夜寐夙兴，又能剖决无留之本。盖临事隳惰，则其精神先不足于料理；及其听决，又牵株引蔓，不得事之主脑，安能不积久加烦乎？大凡狱讼，固贵详审，然其弊亦生于淹阁。有心秉公者，必知所以处此耳。我朝陆光祖令濬县，濬有富民枉坐重辟数十年，相沿以其富，积案如山，淹阁不决。陆至，审实，即日破械出之，然后闻于台使者。使者曰：『此人富有声。』光祖曰：『但当问其枉不枉，不当问其富不富。果不枉，夷齐无生理；果枉，陶朱无死法。』此亦陈公夜寐夙兴中，穷极本源之快论也。尤妙在一审实，即破械出之，然后闻于台使。使若先闻，则不胜其葛藤。有心秉公者，又不可无此担当。

燕度令滑县，县与黎阳对境，河埽下临魏都。霖潦暴至，薪刍不属，埽将溃，众束手以观。度曰：『魏实河朔根本，魏都汩没，则河朔一带不免胥溺，岂可坐视？且塞埽何必薪刍，虽茭楗亦可。』遂悉民所储以御，埽赖以全。人

既安堵，而魏都河朔，亦免其患。

金孝章氏曰：明道先生言之矣，身可塞亦为之，况茭楗乎？若根本既溃，势遂不可复支，又非直薪刍茭楗所能了也，是故急宜捍之于前。燕公之保魏，与程先生之卫曹村，其虑一也。治河者，可昧其大势否？

黄震判遂州。尝给两川军士缗钱，诏至西川，而东川独不及，军士谋为变。震白主者曰：『朝廷岂忘东川耶？殆诏书稽留耳。』即开州帑，给钱如西川，众乃定。

虞允则在军中，得谍，释缚厚遇之。谍言燕京大王遣来，因出所刺缘边金谷兵马之数，允则曰：『若所谓谬矣。』呼主吏按籍书实数与之，谍请加缄印，厚赐以金纵还。未几谍遂至，还所与数，缄印如故，反出彼中兵马财力地里委曲，实数以对。

苏轼知密州，时方行青苗法，司农寺下令：『不时施行者，以违制论。』轼谓尝平官曰：『违制之坐，若自朝廷，谁敢不从？今出自司农，是擅造律也。』使者惊曰：『公姑徐之。』未几罢。密有盗未获，安抚司遣使一领悍卒入境捕盗，卒凶暴，反以禁物诬民，争斗至杀。民诉于轼，轼投书不视，曰：『必不至此。』悍卒闻之，颇用自安，不知轼已使人招出戮之。

王鬷知益州，会戍卒有夜焚营，督军校为乱者。鬷潜遣兵环其营，下令曰：『不乱者，敛手出门无所问。』于是众皆出，令军校指乱卒，得十余人，戮之。及旦，人皆不知也。其为政持大体，不务苛刻，蜀人爱之。

宗泽知掖县时，户部着提举司科买牛黄以供在京和药甚急。百姓竞屠牛取黄，不符科数，乃敛钱赂吏祈免。

泽状申提举司，言往遇岁疫，牛则病而有黄。今太平日久，和气充塞，牛皆肥循，无黄可取。使者不能诘，竟获免，民德之。

潘鳞长氏曰：宗公状申提举，虽一时权变之言，然味其言固自有理。既不至多戕物命，亦不必敛钱赂吏，人与畜将均戴之，此真仁民爱物之父母矣。又按：时有降寇赵海者，屯板桥，立堑路以阻行人。刍者八人过其垒，海怒而脔之，觇事者以告泽。泽遣人召海，海以甲士五百自卫而入。泽方对客，海具状，即械送狱。客曰：『彼甲士甚众，姑徐之。』泽笑谓其次将曰：『领众还营，明日诛海于市。』见者皆栗。统制官杨进屯城南，王善屯城北，二人不相下，各率所部相距于天津桥。泽出片纸以谕之曰：『为国之心固如是耶？当战阵立功，胜负自见，何自苦为？』二人相视，惭沮而退。是非识量过人、胆智出众，乌能弹压之也耶？

杨霆知监利。时吕文德为荆湖制置司帅，素慢侮士，每试以难事，霆仓卒立办，皆合其意。一日，谓霆曰：『上有密言，出师淮东，谁可将者？』即对曰某将可。又曰：『兵器粮草若何？』即对曰某营兵马，某库甲兵，某处矢石，某处刍粮。口占授吏，顷刻案成。文德大惊曰：『吾平生轻文人，以其不事事也。公干才如此，何官不可为耶？』遂服。

金孝章氏曰：文士而能经济，斯真为有用之文。如徒风云月露而已，则华而无根，秀而不实，于世竟何补？使世遂轻文士，而文之用因以不尊，于是不学无术之徒，反得出而持其短长，是果谁之咎也？

李南公知长沙县。有嫠妇携儿以嫁七年，儿族取儿，妇谓非前子，讼于官。南公问儿年，族曰：『九岁。』妇曰：『七岁。』问其齿，曰：『去年毁矣。』南公曰：『男八岁而龀，尚何争？』命归儿族。

孙唐卿判陕州。习氏有母再适人而死，及葬父，恨母之不得祔，因盗母柩合焉。有司论以法，唐卿时权府事，乃曰：『是知有孝而不知有法耳。』竟释之，人称其高。

潘鳞长氏曰：妇为后嫁认儿，是前之嗣绝也；母再适人而死，是使世有无妇之夫、无母之子也。妇再适人，诚无颜复见故夫于地下，然子而无母，无乃近于空桑出者之流乎？以子必将求母之意而姑听焉，所谓移法就情者也。若以齿决儿，断归本族，特较著之理耳。

刘舜卿知代州，辽遣谍盗西关锁。舜卿密易旧镭，而大之。忽数日，虏以锁来归。舜卿曰：『吾未尝亡锁也。』引视纳之，不能受，遂惭去，谍者伏诛，而州安堵。

毛经仕开封户曹。方与客奕，忽尹以疑狱就问，令罢局，经曰：『决事、奕棋两不相碍。』乃呼二吏读款甫毕，立剖之无滞，尹惊异之。

潘鳞长氏曰：剖决疑狱，应声不滞，岂繇闻见直是、智裕心敏耳？天下事固多以学问得之，亦有转因学问滞者。昔人有诗云：妙唱非关舌。微乎，微乎？

安守忠知易州，治尚简静。与僚佐宴，忽军校谋变，阍者白状。忠言笑自如，徐顾坐客曰：『此辈酒狂，擒之可也。』人服其明。

金孝章氏曰：从容制变，不露一毫矜张，非得力于简静者不能也。烦躁者劳而不足，简静者逸而有余，神情

意色间亦自辨之。

郭永知大名，时虏趋京，所过城邑立取之。会天大寒，城池皆冻，虏藉冰梯城，不攻而入。永闻之，先弛濠渔之禁，人争出鱼，水不能合。虏至，睥睨久之而去。又司马楚之别将督军粮，柔然欲击之。俄军中有告失驴耳者，楚之曰：『此必贼遣奸人入营觇伺，割以为信耳。贼至不久，宜急为备。』时大寒，乃伐柳为城，汲水灌之，城立，而柔然至，冰坚滑不可攻，乃散去。

迂庵子曰：御虏者须先识彼之所便者何在，我之所困者何在，得其要领而预为料理，则胜算在我矣。先弛濠禁，与汲水灌城，非具神识者，谁能辨此？

吕祉知建康，先以弹压之威，继以拊循之惠，军民畏爱。与僚属文士讲求古今防守事迹，著《东南利害总论》、

《江流上下论》、《江淮表里论》、《建康根本论》，凡四篇，具图献于朝。是年冬，淮上有警，江右戒严，独世忠统钝卒在高邮。虏陷涟水，乃破山阳，又破盱眙，远犯成州。公上言：『宜遣兵援世忠』。既而援兵不至，世忠退保镇江。公再言：『置江北于度外，非朝廷命帅宣抚两淮之意，且恐失中原人心。』因极陈守御利害：『虽(唯)当急遣诸将，且乞亲御六军，庶几上下协心，可以不战而胜。』于是降诏亲征。驾幸平江，虏已遁去，悉如公策，人皆服焉。

按：公尝曰：今中原失守，驻节吴会，诸将重兵不屯江北而屯江南者，特恃大江一水之隔，而不思于江流要害处，出奇制胜。但欲俟其上岸，而后击之，殊不知贼已得险，则有必死之志，此杜充之兵不战而溃也。今沿江上下要害处，亦自有数，如使各自为治，明远斥堠，则胡马不复南向矣。

公又奏：国家养兵，仰给东南数路而已，取有限之财，供无穷之费，正当讲求利害。然方今财用悉出民力，而守令乃近民之官也，令得人则一邑足，守得人则一郡足，漕得人则一路足，诸路足则朝廷足矣。此洞彻根本之论，读之令人凛然。

公又奏：大江之险所当固守者，有三：江之北、诸河口，一也；江之中，诸洲渚，二也；江之南，诸口岸，三也。近岁守江，尽屯江南诸岸口，殊不知江之北，出江诸河口，一不守则贼船得以出江；江之中、诸洲渚一不守则贼船得以近岸。己酉建康之祸正坐此也。臣谓江之北出江诸河口，宜筑城堡，或作水寨，列锐兵，施强弩，量舣战舰以拒之，使贼船不得出江。江之中诸洲渚，宜多伏战舰以待之，使贼船虽出江不得近岸。江之南列兵戍守，多备舟楫以俟济师，得利则进，否则坚守而已。

迂庵子曰：按三国魏武帝至广陵，临江观兵，见波涛汹涌，叹曰：『嗟乎！天所以限南北也。』而宋建炎初，刘珏亦言：『金陵天险，前据大江，可以固守，则长江岂不诚胜势哉？』然王浚之克西陵，北军飞渡；韩擒虎之济采石，陈人不觉。则虽有胜势，亦视吾所以守御之者何如耳。』吕颐浩有言：『诸郡自荆南抵仪真，可渡处甚多，岂不可预为计？望置使两员：一自镇江至池阳，一自池阳至荆南，专提督造船，具询水战利害。』当时宋迁都建康，恃江为守，故有此论。今天下一统，其要害固不系长江，然潢池之警，窃发不时，颐浩造船水战之说，与吕安老之谕，可无预为之计乎？

按：章俊卿书曰：『江淮，手足也；海口，咽喉也；建康，腹心也。则防海之策，海口为要害矣。故在浙，则金山、海门、明州、定海、秀州、海盐为要害；在淮，则通州、料角、泰州、石港、建康、土山、江乘为要害。于此为备，而贼不能冲突矣。』叶义问亦言：『今江淮既有帅屯，独海道宜备。臣谓土豪官军，不可杂处。盖土豪谙练海道之险易，又能役使船户，若杂以官军，彼此气不相下，难以协济。欲于沿海要处分寨，以土豪为寨主，令随其便。使土豪挠于舟楫之间，官军扼于塘岸之口，策之上也。』此虽皆为宋都建康而设策，与今日事体不同，然嘉靖以来，海上桀黠之徒，或射利以炽张，或望风而啸聚。而岛夷之为患者，纵横劫掠于吴、浙、闽中，岭表之间，且数岁，其始皆从海上来也。使当时有建此策者，挠之以土豪，扼之以官